Dieses Buch gehört:

....

Sonja Meierjürgen

Entdecke unsere Erde

TESSLOFF

Hallo!
Ich bin Grete. Ich bin eine Wildgans.
Wir Wildgänse sind Zugvögel.
Im Sommer brüten wir im Norden.
Den Winter verbringen wir im Süden.
Ich komme also viel rum
auf unserer schönen Erde.
Hast du Lust auf ein Abenteuer?
Dann komm mit, wir fliegen los!

Hast du beim Lesen
gut aufgepasst?
Dann ran ans Lesequiz!

Mach mit beim Buchstabenrätsel!
Im Buch zeige ich dir fünf Buchstaben.
Setze sie zusammen.
Wie heißt das Wort?
Die Lösung findest du
auf Seite 47.

Inhalt

Unser Zuhause im All

Der Weltraum ist unendlich groß.
Und irgendwo im riesigen All
dreht sich unsere Erde.

Viele Meere und große Ozeane
bedecken unseren Planeten.
Es gibt Länder und Kontinente.
Auf einem davon, mitten in Europa,
leben wir.

Die Erde ist unsere Heimat im Weltall.

Leben auf der Erde

Die Erde ist ein besonderer Planet.
Sie ist einmalig.
Nur auf der Erde gibt es
Pflanzen, Tiere und Menschen.
Denn die Erde gibt uns Dinge,
die wir unbedingt zum Leben brauchen:

- Wasser,
- Luft und Sauerstoff,
- Licht und Wärme.

Die blauen Ozeane sieht man sehr gut aus dem All.

Der Blaue Planet

Astronauten können die Erde
aus dem Weltall betrachten.
Dann sehen sie eine
leuchtende blaue Kugel.
Denn auf der Erde gibt es
sehr viel Wasser.

K

Der größte Teil davon ist
Salzwasser in den Ozeanen.
Nur sehr wenig Wasser ist Süßwasser.
Es fließt durch Flüsse und Seen.
Und es sammelt sich
als Grundwasser im Boden.

Tief durchatmen

Unsere Erde hat
eine dünne Hülle aus Luft.
Sie heißt Atmosphäre.

Die Luft darin besteht aus
verschiedenen Gasen.
Vor allem aus dem Gas Stickstoff.
Auch Sauerstoff gibt es darin.
Er ist wichtig für Menschen und Tiere.
Wir brauchen ihn zum Atmen.
Ohne Sauerstoff gäbe es
kein Leben auf der Erde.

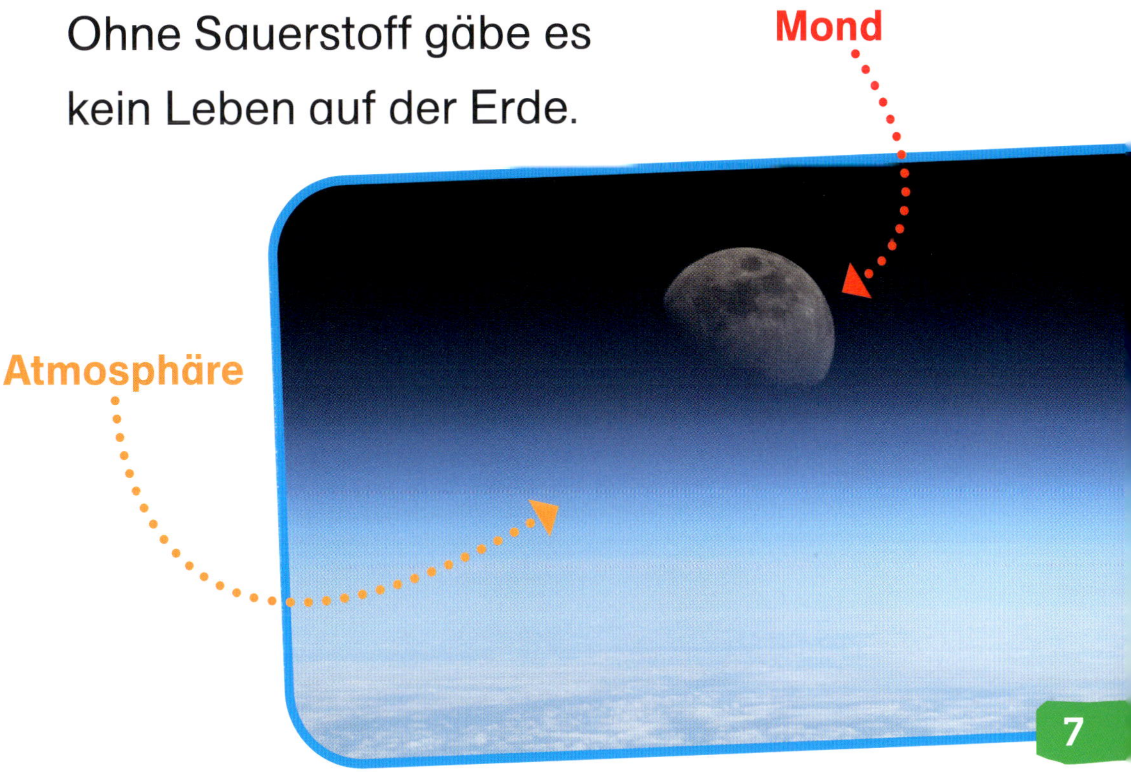

Schön warm hier!

Tag und Nacht scheint
die Sonne auf unsere Erde.
Sie spendet uns Licht und Wärme.
Erde und Sonne haben
genau den richtigen Abstand.
Deshalb wird es bei uns
nicht zu heiß und nicht zu kalt.

Ohne Atmosphäre wäre das anders.
Es wäre immer eiskalt auf der Erde.
Denn die Lufthülle speichert
die Wärme der Sonne.
Und schädliche Strahlen
hält sie von uns fern.

Mein Lesequiz !?

1 Wodurch gibt es Leben auf der Erde?

a) Durch Sonne, Mond und Sterne.

b) Durch Wasser und Sauerstoff.

c) Durch Astronauten und Raketen.

Antwort b) ist richtig.

2 In der Atmosphäre gibt es ...

a) ... nur Sauerstoff.

b) ... nur Stickstoff.

c) ... Luft.

Antwort c) ist richtig.

Immer in Bewegung

Jeden Morgen geht die Sonne auf.
Am Abend geht sie wieder unter.
Das sagen wir oft so.
Aber eigentlich ist das nicht richtig.

Die Sonne bewegt sich nicht,
sondern die Erde.
Und wir drehen uns mit ihr.
Dabei ändert sich auch
unser Blick auf die Sonne.

Bei Sonnenaufgang steht die Sonne tief. Mittags sehen wir sie hoch am Himmel.

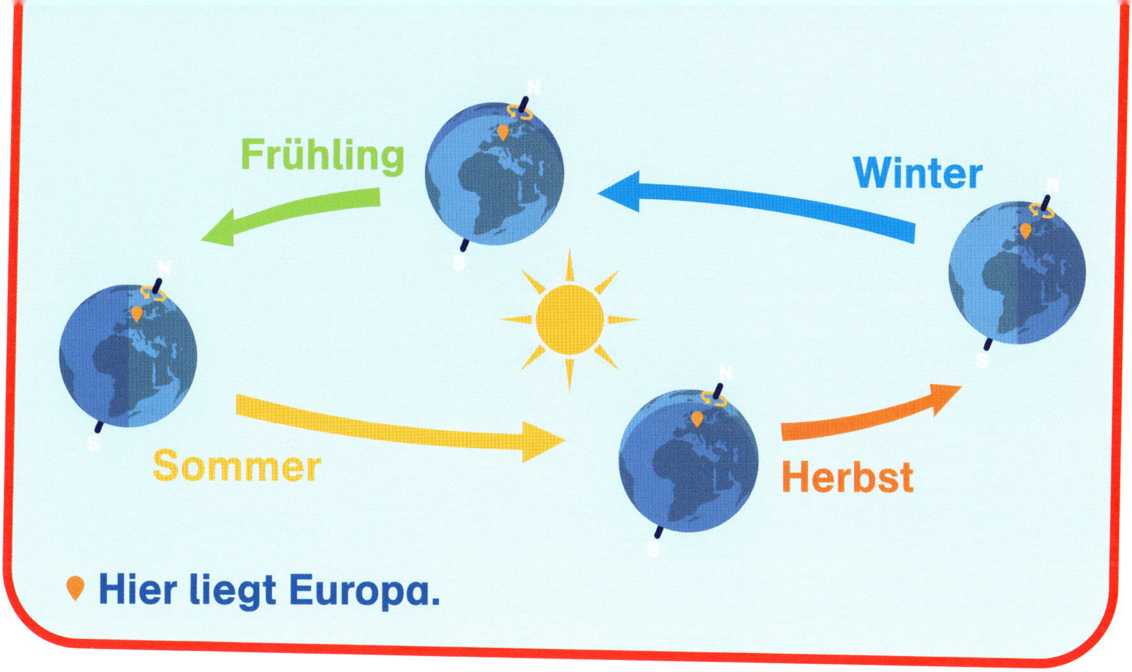

Eine Runde um die Sonne

Die Erde dreht sich um die Sonne.
Für eine Runde braucht sie
ungefähr ein Jahr.

Die Erde steht ein wenig
schräg zur Sonne.
So bekommt eine Erdhalbkugel
mehr Strahlen ab als die andere.
Dort ist es dann Sommer.
Auf der anderen Erdhalbkugel
ist es zur gleichen Zeit Winter.

Wo gibt es Jahreszeiten?

Frühling, Sommer, Herbst und Winter:
Jedes Jahr wechseln sich bei uns
die vier Jahreszeiten ab.
Das ist aber nicht überall so.

Am **Äquator** gibt es keine Jahreszeiten.
Dort ist es immer warm und feucht.
Am **Nordpol** ist ungefähr
ein halbes Jahr lang Winter.
Zur gleichen Zeit herrscht
am **Südpol** Sommer.
Nach etwa sechs Monaten
ist es umgekehrt.

Polarlicht

Die Sonne kann nur einen Teil der Erde anstrahlen.

Tag und Nacht

Die Erde dreht sich
auch um sich selbst.
Für eine Runde braucht sie 24 Stunden.

Dabei drehen sich manche Teile
der Erde zur Sonne hin.
Andere Teile drehen sich von ihr weg.
Deshalb ist es immer nur
auf einer Hälfte der Erde hell.
Die andere Hälfte bleibt dunkel.
So entstehen Tag und Nacht.

Ganz schön schwer!

Unsere Erde bewegt sich
also die ganze Zeit.
Warum werden wir dabei
nicht ins All geschleudert?

Das macht die Schwerkraft.
Die riesige, schwere Erde
zieht kleinere Dinge an.
Deshalb fallen Äpfel
vom Baum auf den Boden.
Und auch wir stehen fest
mit den Füßen auf der Erde.

Auch beim Hüpfen
landest du immer
wieder auf der Erde.

Mein Lesequiz !?

1 **Warum gibt es Tag und Nacht?**

a) Die Erde dreht sich um sich selbst.

b) Die Erde dreht sich um die Sonne.

c) Wegen der Schwerkraft.

Antwort a) ist richtig.

2 **Wie lange braucht die Erde für eine Runde um die Sonne?**

a) Etwa einen Tag.

b) Etwa einen Monat.

c) Etwa ein Jahr.

Antwort c) ist richtig.

Sonne, Mond und Sterne

Die Sonne ist ein Stern
aus glühend heißem Gas.

Am Nachthimmel leuchten
viele Milliarden Sterne.
Es sind so viele, dass du sie
gar nicht alle zählen kannst.

Hast du gewusst, dass die Sonne
auch so ein Stern ist?
Sie ist sehr heiß und riesengroß.
Über eine Million Mal größer als die Erde!

Die Sonne in der Mitte

Unsere Erde ist kein Stern,
sondern ein Planet.
Alle Planeten kreisen um einen Stern.
So wie die Erde um die Sonne kreist.

Aber die Erde ist nicht allein.
Außer ihr drehen sich noch
sieben andere Planeten
um unsere Sonne.
Jeder Planet bleibt dabei
auf seinem eigenen Weg.
Das ist seine Umlaufbahn.

Unser Sonnensystem

Die Sonne und acht Planeten bilden zusammen unser Sonnensystem.

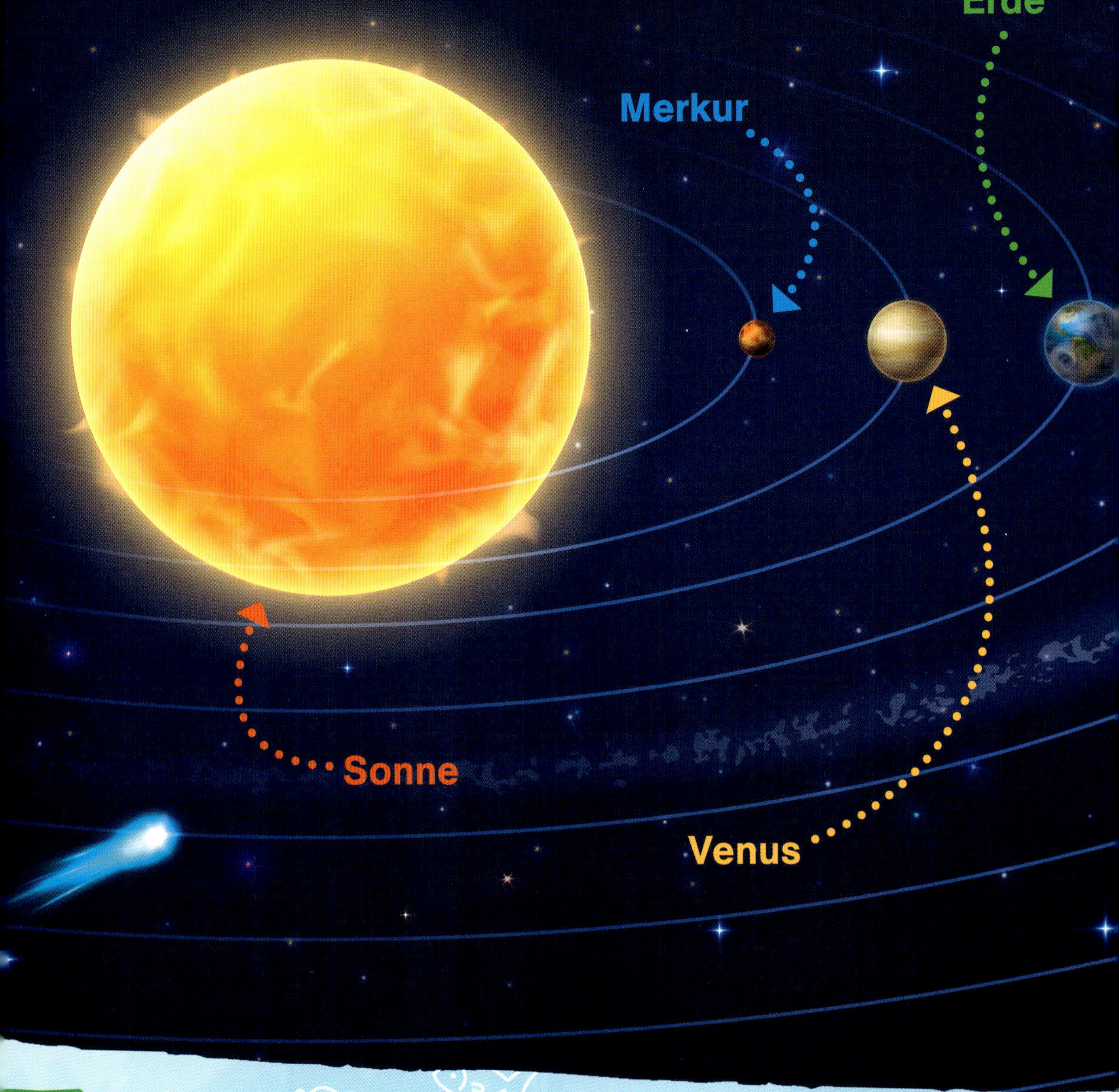

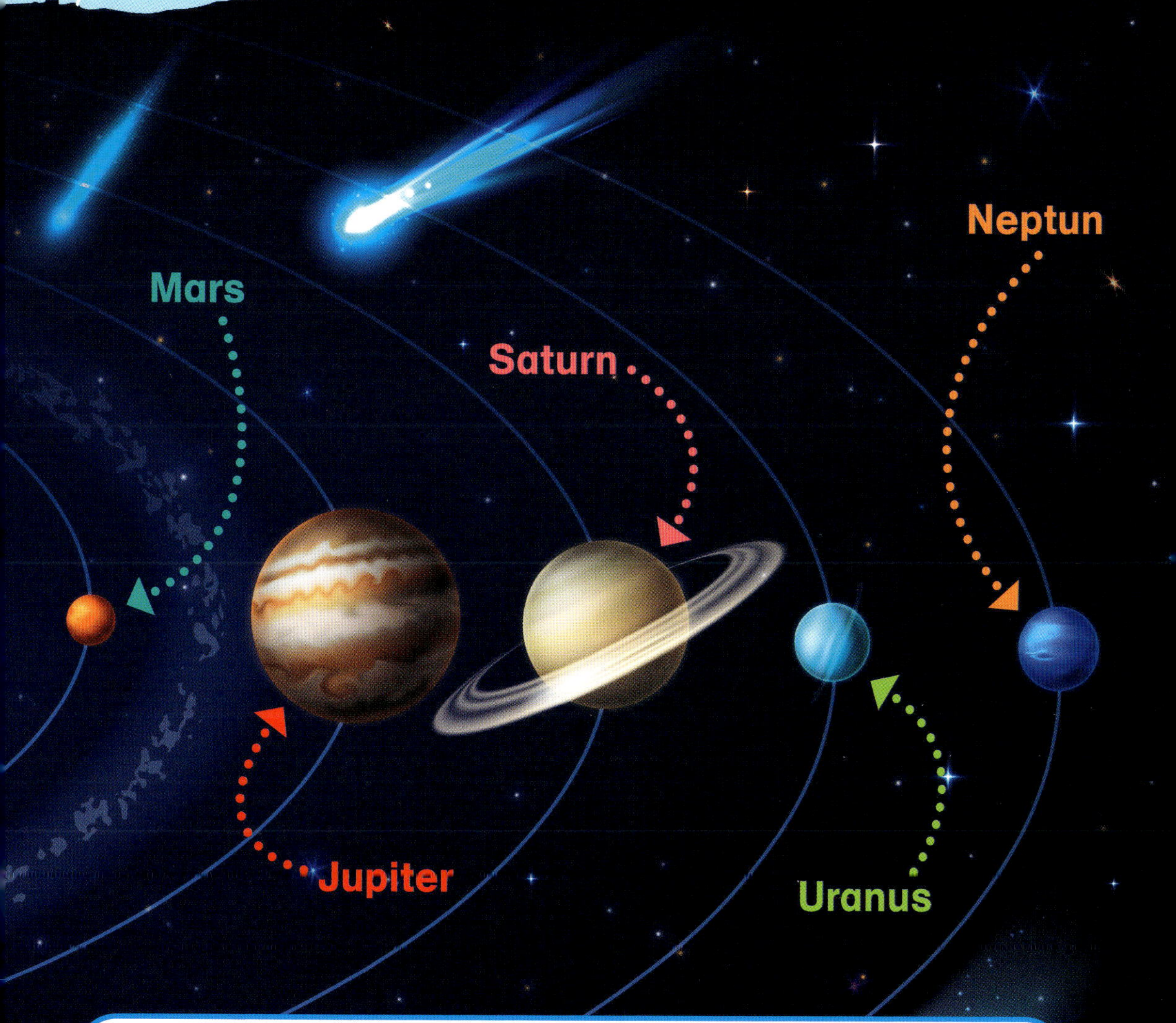

So merkst du dir die Reihenfolge der Planeten:
Mein Vater erklärt mir jeden Sonntag unseren Nachthimmel.
M = Merkur, V = Venus, E = Erde und so weiter.

Einmal im Monat
haben wir Vollmond.
Dann ist der Mond
ganz rund zu sehen.

Leuchten in der Nacht

Am Abend kannst du oft
den Mond am Himmel sehen.
Er dreht sich um die Erde.
Für eine Runde braucht er
etwa einen Monat.

Der Mond leuchtet nicht von selbst.
Die Sonne scheint ihn an.
Wir sehen immer nur den Teil,
den die Sonne gerade anstrahlt.
Mond und Erde bewegen sich.
Darum sehen wir den Mond
jede Nacht anders.

Mein Lesequiz !?

1 **Wie viele Planeten umkreisen die Sonne?**

a) Es sind sieben Planeten.

b) Es sind acht Planeten.

c) Es sind achtzehn Planeten.

Antwort b) ist richtig.

2 **Die Sonne und die Planeten bilden …**

a) … den Himmel.

b) … das Weltall.

c) … das Sonnensystem.

Antwort c) ist richtig.

Unter unseren Füßen

Unsere Erde ist schon sehr alt.
Etwa 4,6 Milliarden Jahre.
Im Weltall wirbelte eine Menge
Gas und Staub durcheinander.

Mitten in diesem Wirbel
entstand zuerst die Sonne.
Die Staubteilchen kreisten
weiter um den neuen Stern.
Mit der Zeit bildeten sich daraus
Brocken aus Stein und Eis.

Wirbel im Weltall:
Gas und Staub
fliegen umher.

Am Anfang
war unsere Erde
eine glühende Kugel.

Die Erde wird geboren

Aus einem dieser Brocken
entstand unsere Erde.
Zuerst war sie nur
eine sehr heiße Kugel.
Ganz langsam kühlte sie ab.
Das dauerte viele Millionen Jahre.
Dabei entstand eine harte Kruste.

Dann begann es zu regnen.
Es regnete viele Tausend Jahre lang.
Die Ozeane füllten sich mit Wasser.
Der Blaue Planet war geboren.

Die Erde ist innen noch immer glühend heiß.

In der Erde

Die Erde ist eine riesige Kugel.
Von deinen Füßen bis zur Mitte
sind es über sechstausend Kilometer.
Das ist etwa zehnmal so weit
wie von Berlin nach München.

Früher dachten die Menschen,
die Erde wäre hohl.
Doch heute wissen wir:
Die Erdkugel hat drei Schichten.
Sie bestehen aus Metall und Gestein.
Zum Teil sind sie flüssig und zum Teil fest.

Schicht für Schicht

Tief im Inneren liegt der **Erdkern**.
Er ist aus festem Metall.
Hier ist es unfassbar heiß.
Etwa so heiß wie auf der Sonne.

Der **Erdmantel** ist die dickste Schicht.
Er ist flüssig und zäh wie Honig.
Er besteht aus heißem Gestein.

Die **Erdkruste** ist am dünnsten.
Darauf liegen die Kontinente und Ozeane.
Und hier leben wir.

Wie ein Puzzle

Die Erdkruste umhüllt die Erde.
Aber sie ist nicht aus einem Stück.
Sie ist in einzelne Platten zerteilt.

Die Platten schwimmen
auf dem flüssigen Erdmantel.
Etwa wie Eisschollen im Meer.

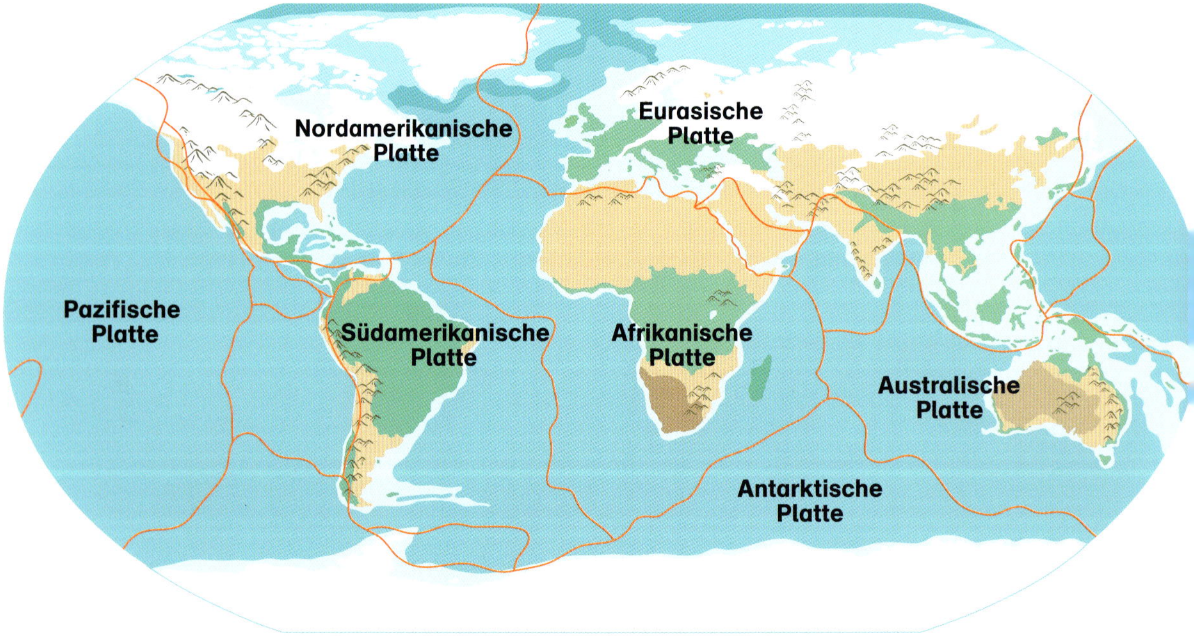

Die Erdplatten sind wie Puzzleteile.
Zusammen bilden sie die Erdkruste.

Manche Erdbeben
bemerken wir gar nicht.
Andere richten
schlimme Schäden an.

Die Erde bebt

Die Erdplatten sind immer
in Bewegung.
Mal treiben sie aufeinander zu.
Dann wieder voneinander weg.

Manchmal verhaken sich
zwei Platten an den Rändern.
Wenn sie sich wieder lösen,
gibt es einen kräftigen Ruck.
Dann wackelt und bebt die Erde.

Ein Berg spuckt Lava

Glühendes Gestein fließt
im Inneren unserer Erde.
Es wird Magma genannt.
Bei einem Vulkanausbruch
dringt es nach außen.
Jetzt heißt das Magma Lava.

Das passiert vor allem
an den Rändern der Erdplatten.
Denn dort gibt es Spalten in der Erdkruste.
Deshalb liegen dort viele Vulkane.

Ein Vulkan bricht aus.
Heiße Lava strömt
den Hang hinab.

Das Matterhorn ist
ein berühmter Berg
in den Alpen.
Es liegt in der Schweiz.

In Falten

Die Alpen sind ein Hochgebirge.
Sie liegen mitten in Europa –
direkt vor unserer Haustür.
Aber wie sind sie entstanden?

Vor langer Zeit gab es
einen Unfall in der Erdkruste.
Zwei Erdplatten rutschten aufeinander.
Beim Aufprall wurde die Erdkruste
langsam zusammengeschoben.
Sie faltete sich zu einem Gebirge auf.
Das dauerte viele Millionen Jahre.

Schätze der Erde

In der Erdkruste gibt es sogenannte Bodenschätze. Dazu gehören zum Beispiel Erdöl, Erdgas und Kohle. Wenn sie verbrannt werden, gewinnen wir Energie. Leider ist das schlecht für die Erde und das Klima.

Smaragd

Gold

Rubin

Auch andere wertvolle Schätze liegen im Boden: Edelsteine, Gold und sogar Diamanten.

Mit riesigen Maschinen wird hier Braunkohle gefördert.

Mein Lesequiz !?

1 Worauf treiben die Erdplatten?

a) Auf der Erdkruste.

b) Auf dem Erdmantel.

c) Auf dem Erdkern.

Antwort b) ist richtig.

2 Wie entsteht ein Erdbeben?

a) Erdplatten verhaken sich.

b) Lava strömt aus der Erde.

c) Erdplatten falten sich auf.

Antwort a) ist richtig.

Das Leben beginnt

Die ersten Lebewesen
waren Einzeller.
Sie entstanden im Meer.

Dort entwickelten sich
auch die ersten Tiere wie
Quallen oder Schwämme.

Schließlich gab es
die ersten Fische
wie den Quastenflosser.

Als Erste wagten sich
einige Fische an Land.
Die Vorfahren von Fröschen
und Echsen entwickelten sich.

Viele Jahre beherrschten die Dinosaurier das Land. Vor 65 Millionen Jahren starben sie aus.

Die ersten Pflanzen an Land waren Moose und Farne. Später wuchsen dann Sträucher und Bäume.

Immer mehr Tiere bevölkerten die Erde. Es entwickelten sich Säugetiere und Vögel.

Und schließlich erschienen unsere Vorfahren auf der Erde. Die ersten Menschen eroberten den Planeten.

Natur und Klima

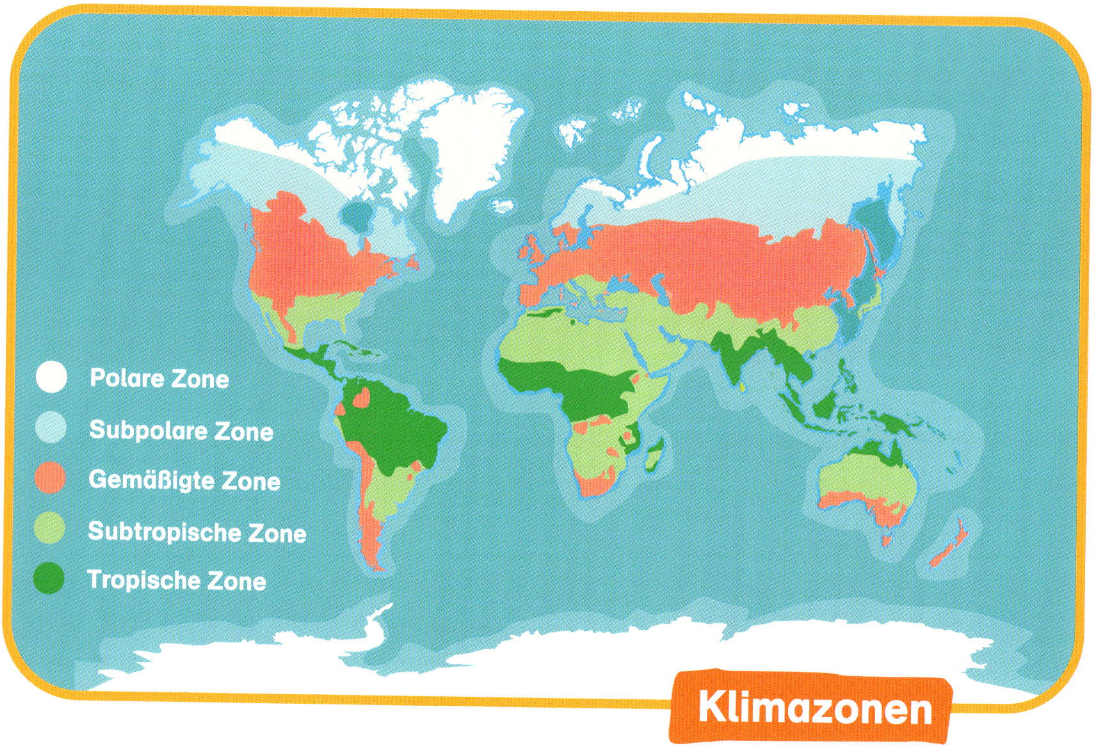

Die Natur hat viele
unterschiedliche Gesichter.
Denn auf der Erde gibt es
verschiedene Klimazonen.
Ob es warm und feucht,
heiß und trocken oder eisig kalt ist:
Das bestimmt vor allem die Sonne.

Schnee und Eis

Am Nordpol und am Südpol
scheint die Sonne flach
auf die Erde.
Die Sonnenstrahlen haben
deshalb nicht viel Kraft.
Sie können die Erde
nur wenig wärmen.
So ist es das ganze Jahr über
sehr kalt.

Am Südpol

Am Nordpol

In den Polarzonen leben
Eisbären und Pinguine.

Der Bauch der Erde

Stell dir vor, dass die Erde
einen Gürtel um den Bauch hat.
Er läuft einmal
um die ganze Erdkugel herum.
Und zwar an ihrer dicksten Stelle.
Das ist der Äquator.
Er ist über 40 000 Kilometer lang.

Am Äquator steht die Sonne
immer hoch am Himmel.
Ihre Strahlen treffen steil auf die Erde.
Deshalb ist es hier immer warm.

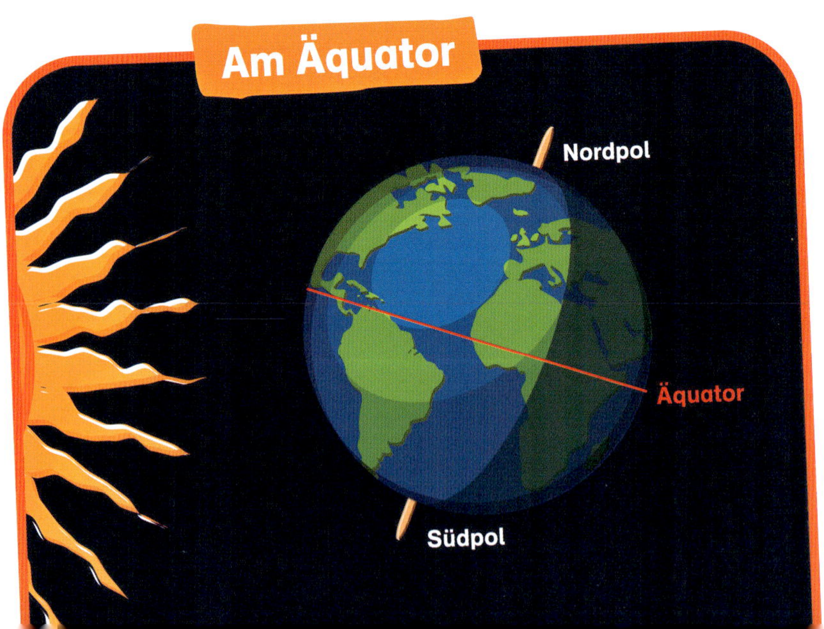

Die Regenwälder liegen in der tropischen Zone.

Tukan

Jeden Tag Regen

Rund um den Äquator wachsen üppige, grüne Regenwälder. Einmal am Tag gibt es hier einen heftigen Regenschauer. Die kräftige Sonne lässt das Wasser schnell verdunsten. Deshalb ist die Luft immer feucht.

Im Regenwald entsteht viel lebenswichtiger Sauerstoff. Darum heißt der Regenwald auch die grüne Lunge der Erde.

Noch mehr Klimazonen

Elch

Polarfuchs

Die subpolare Zone

Hoch im Norden wachsen riesige Nadelwälder. In der Kältesteppe gibt es nur noch niedrige Pflanzen. Der Sommer ist kurz und kühl.

Rotkehlchen

Die gemäßigte Zone

In diesem Klima leben wir.

Die subtropische Zone

Im Sommer wird es heiß. Im Winter ist es nicht zu kalt. So wie in Italien oder Spanien. Auch Wüsten oder Steppen in Afrika zählen dazu.

Erdmännchen

Mein Lesequiz !?

1 **Was bestimmt das Klima auf der Erde?**

a) Der Regenwald.

b) Die Sonne.

c) Der Nordpol und der Südpol.

Antwort b) ist richtig.

2 **Wo leben Elche?**

a) In der subpolaren Zone.

b) In der subtropischen Zone.

c) Elche gibt es überall.

Antwort a) ist richtig.

Schutz für die Erde

Die Erde ist wunderschön.
Sie steckt voller Wunder.
Und sie gibt uns alles,
was wir zum Leben brauchen.

Doch wir Menschen gehen nicht gut
mit unserem Planeten um.
Wir haben aber nur
diese eine Erde.
Darum sollten wir unbedingt
besser auf sie aufpassen.

Auf der Erde gibt es viel wunderschöne Natur.

Leider gibt es immer mehr Stürme, Dürren und Hochwasser.

Das Klima ändert sich

Sicher hast du schon einmal
vom Klimawandel gehört.
Das Klima auf der Erde ändert sich.
Es wird immer wärmer.

Schuld daran sind wir Menschen.
Denn wir verursachen
zu viele schädliche Gase.
Sie entstehen zum Beispiel
beim Autofahren oder beim Fliegen.
Und auch, wenn wir mit Öl oder Gas
unsere Wohnungen heizen.

Keinen Müll ins Meer

Auch unsere Ozeane leiden.
Sie werden ebenfalls wärmer.
Viele Tiere vertragen das nicht.
Sie verlieren dadurch
ihren Lebensraum.

Besonders schlimm ist,
dass so viel Plastik
im Meer schwimmt.
Tiere verwechseln es mit Futter.
Sie können daran sterben.

Erde schützen, fertig, los!

Die Erde hat es also nicht leicht
mit uns Menschen.
Vielleicht fallen dir sogar
noch mehr Probleme ein.

Doch es gibt auch gute Nachrichten.
Wir können nämlich viel
für unseren Planeten tun.
Bei manchen Ideen
kannst du selbst mithelfen.
Bei anderen sind
die Erwachsenen gefragt!

Lauter gute Ideen

Mit dem Fahrrad unterwegs
statt mit dem Auto:
Das ist gut für die Umwelt.

Plastik sammeln hilft!
Noch besser ist:
Plastik vermeiden!

Wasser aus beim Zähneputzen!
Und Licht aus, wenn du
aus dem Zimmer gehst!

Mehr Gemüse essen
und weniger Fleisch:
Auch das ist gut
für unsere Erde.

Energie aus Wind oder Sonne: So brauchen wir weniger Öl und Gas.

Mit dem Zug in den Urlaub statt mit dem Flugzeug: So gibt es viel weniger Treibhausgase.

Bäume pflanzen ist toll! Denn Bäume stellen Sauerstoff her. Und schlucken CO_2.

Pflanze Blumen und füttere die Bienen! Ohne Bienen gäbe es keine Äpfel oder Erdbeeren.

Mein großes Lesequiz

1

Was liegt wie ein Gürtel um den Bauch der Erde?

a) Der Nordpol und der Südpol.

b) Der Äquator.

c) Die gemäßigte Zone.

Antwort b) ist richtig.

2

Wie heißt die dickste Schicht der Erde?

a) Das ist die Erdkruste.

b) Das ist der Erdkern.

c) Das ist der Erdmantel.

Antwort c) ist richtig.

3 Wann starben die Dinosaurier aus?

a) Vor 6 Millionen Jahren.

b) Vor 65 Millionen Jahren.

c) Vor 65 Milliarden Jahren.

Antwort b) ist richtig.

4 Was nennen wir die grüne Lunge unserer Erde?

a) Die Regenwälder.

b) Die Ozeane.

c) Die Alpen.

Antwort a) ist richtig.

Buchstabenrätsel

Das gesuchte Wort lautet **Klima**.

Bildquellennachweis

Archiv Tessloff: 11o (Grafik Jahreszeiten); picture alliance: 6o (Unai Huizi/imageBROKER), 7u (NASA/ZUMAPRESS.com), 16m (M. Gann/McPHOTO/blickwinkel), 20o (Soeren Stache/dpa-Zentralbild), 33ur (Ingo Schulz/imageBROKER), 38or (Doug Lindstrand/Design Pics), 38mr (Sailer Images), 41ol (Shannon Bileski/All Canada Photos); Shutterstock: 4u (max dallocco), 4ul (Pinnadel: WinWin artlab), 5ol (Nikki Zalewski), 5ml (Lihana), 5or (andre st-louis), 8u (Pflanze: domnitsky), 10ul (Simon Bratt), 10ur (djgis), 11o (Erde: vectorplus), 12u (bannkie), 13o (Net Vector), 14u (Africa Studio), 17u (Vadim Sadovski), 18-19 (Vector Tradition), 22u (Mopic), 23o (Diego Barucco), 24o (HelloMockups), 25u (AlexLMX), 26m (BlueRingMedia), 27o (mrizag), 28u (Alanstix64), 29or (elxeneize), 30or (Smaragd: S_E), 30mr (Gold: Roman Bodnarchuk), 30mr (Rubin: photo-world), 30u (corlaffra), 32ml (Parkerspics), 32mr (raymond tercafs), 32ul (Daniel Prudek), 33ol (Orla), 33mr (Pecold), 33ml (Daniel Eskridge), 34o (trgrowth), 35ul (Sergey Uryadnikov), 35ur (vladsilver), 36u (Inkoly), 37ol (Oleksiy Mark), 37or (Stephane Bidouze), 38ml (clarst5), 38ur (2630ben), 40u (Andrew Mayovskyy), 41om (Singha Songsak P), 41or (Lina Balciunaite), 42o (Rich Carey), 43ur (Ekaterina Simonova), 44ol (Evgeny Atamanenko), 44mr (Daniel Chetroni), 44ml (Krakenimages.com), 44ur (OlesyaPogosskaya), 45ol (Soonthorn Wongsaita), 45or (Gladskikh Tatiana), 45ml (Robert Kneschke), 45ur (paula french); Wikipedia: 32or (CC BY 2.0/quapan)

Umschlagfotos: Shutterstock: U1 (ixpert), U4ml (Florian Nimsdorf)

Burgschmietstraße 2 – 4
90419 Nürnberg
qualitaet@tessloff.com
www.tessloff.com

Autorin: Sonja Meierjürgen
Illustratorin: Ruth Koch
Grafik: Ruth Koch
Bildredaktion: Susanne Wiechert
Druck: Livonia Print

FSC
www.fsc.org
MIX
Papier | Fördert gute Waldnutzung
FSC® C002795

ISBN 978-3-7886-7732-9

WAS IST WAS
Erstes
LESEN
easy!
Entdecke die Bäume
TESSLOFF

WAS IST WAS
Erstes
LESEN
easy!
Tiere im Meer
TESSLOFF

WAS IST WAS
Erstes
LESEN
easy!
Wie lebt die Honigbiene?
TESSLOFF

WAS IST WAS
Erstes
LESEN
easy!
Entdecke den Weltraum
TESSLOFF

WAS IST WAS
Erstes
LESEN
easy!
Wie leben die Delfine?
TESSLOFF

WAS IST WAS
Erstes
LESEN
easy!
Komm mit zu den Pferden

WAS IST WAS
Erstes
LESEN
easy!
Wie leben unsere Vögel?
TESSLOFF

WAS IST WAS
Erstes
LESEN
easy!
Tiere in Schnee und Eis

WAS IST WAS
Erstes
LESEN
easy!
Hunde - meine Lieblingstiere
TESSLOFF

WAS IST WAS
Erstes
LESEN
easy!
Katzen - meine Lieblingstiere
TESSLOFF

WAS IST WAS
Erstes
LESEN
easy!
Raus in die Natur
TESSLOFF

WAS IST WAS
Erstes
LESEN
easy!
Echt schlaue Tiere
TESSLOFF